BEI GRIN MACHT SICH IHR WISSEN BEZAHLT

AF153588

- Wir veröffentlichen Ihre Hausarbeit,
  Bachelor- und Masterarbeit

- Ihr eigenes eBook und Buch -
  weltweit in allen wichtigen Shops

- Verdienen Sie an jedem Verkauf

Jetzt bei www.GRIN.com hochladen
und kostenlos publizieren

Ausgrenzung und Diskriminierung in Tsingtau. Der Alltag der einheimischen Bevölkerung unter deutscher Kolonialherrschaft um 1900

Aenne Stumper

Bibliografische Information der Deutschen Nationalbibliothek:

Die Deutsche Nationalbibliothek verzeichnet diese Publikation in der Deutschen Nationalbibliografie; detaillierte bibliografische Daten sind im Internet über http://dnb.d-nb.de abrufbar.

ISBN: 9783389131183
Dieses Buch ist auch als E-Book erhältlich.

© GRIN Publishing GmbH
Trappentreustraße 1
80339 München

Druck und Bindung: Books on Demand GmbH, Norderstedt Germany
Gedruckt auf säurefreiem Papier aus verantwortungsvollen Quellen

Das vorliegende Werk wurde sorgfältig erarbeitet. Dennoch übernehmen Autoren und Verlag für die Richtigkeit von Angaben, Hinweisen, Links und Ratschlägen sowie eventuelle Druckfehler keine Haftung.

Das Buch bei GRIN: https://www.grin.com/document/1587068

Freie Universität Berlin
Friedrich-Meinecke-Institut
Wintersemester 2024/25
Modul: Einführung in die Neueste Geschichte
Seminar: Geschichte des deutschen Kolonialismus

Ausgrenzung und Diskriminierung in Tsingtau: Der Alltag der einheimischen Bevölkerung unter deutscher Kolonialherrschaft um 1900.

Aenne Stumper
BA Geschichte/Deutsch

Inhaltsverzeichnis

1. Einleitung

Bei der Betrachtung der deutschen Kolonialgeschichte stehen häufig die Kolonialherren und ihre Interessen im Vordergrund. Das rassistische Weltbild der „Überlegenheit" und die vermeintliche Verbesserung der Lebensbedingungen der kolonisierten Bevölkerung bildeten dabei zentrale Grundlagen.[1] So wurden in der Kolonie Kiautschou verschiedene Maßnahmen und Verordnungen erlassen, um die Rassenideologie in der Gesellschaft umzusetzen. Im Mittelpunkt der Arbeit steht die Frage nach den Motiven sowie der Frage, inwieweit sie tatsächlich umgesetzt wurden. Die Sichtweise der Kolonisierten wird in der Regel bei der Betrachtung der deutschen Kolonialgeschichte vernachlässigt, so auch in Kiautschou. Diese Arbeit ist von besonderer Bedeutung, weil sie nicht nur untersucht, inwieweit die Einheimischen strukturell benachteiligt wurden, sondern auch die rechtlichen und räumlichen Lebensbedingungen der Chines*innen in der Stadt Tsingtau um 1900 unter deutscher Herrschaft stärker in den Fokus rückt.

Wichtige Forschungswerke sind zum einen das Werk *Tsingtau. Eine deutsche Kolonialstadt in China (1897-1914)* von Helga Rathjen. Dieses wirft einen umfassenden Blick auf Tsingtau als deutsche Kolonialstadt mit besonderem Augenmerk auf die Formen der Ausgrenzung und Disziplinierung der chinesischen Bevölkerung.[2] Zum anderen das Werk *Herrschaft und Widerstand in der „Musterkolonie" Kiautschou Interaktionen zwischen China und Deutschland, 1897-1914* des Sinologen Klaus Mühlhan. Es konzentriert sich auf die komplexen Beziehungen zwischen der deutschen und der chinesischen Gesellschaft in der Kolonie Kiautschou und fokussiert die alltäglichen Interaktionen, kulturellen und sozialen Strukturen aus der Perspektive beider Gruppen.[3]

Die Arbeit beginnt mit einem Überblick über die rechtliche Disziplinierung und Kontrolle der Chines*innen durch die Kolonialherren in Tsingtau, wobei die *Chinesenverordnung* und die *Verordnung betreffend Rechtsverhältnisse der Chinesen* im Mittelpunkt stehen. Anschließend wird auf die räumliche Trennung der Chines*innen von den Deutschen Bezug genommen, indem die *„Europäerstadt"* und die *„Chinesenstadt"* miteinander verglichen und die Unterschiede herausgearbeitet werden. Das letzte Kapitel beschäftigt sich mit den *Rikschafahrer*n, ihrer Sonderstellung in der chinesischen Bevölkerung und den ihnen auferlegten Regeln. Das Fazit fasst alle wichtigen Aussagen zusammen.

---

[1] Vgl. Klaus Mühlhahn, Herrschaft und Widerstand in der „Musterkolonie" Kiautschou. Interaktionen zwischen China und Deutschland (1897-1914), München 2000, S. 198f.
[2] Vgl. Helga Rathjen, Tsingtau. Eine deutsche Kolonialstadt in China (1897-1914), Wien u.a 2021, S. 21f.
[3] Vgl. Mühlhahn, Herrschaft und Widerstand in der „Musterkolonie" Kiautschou, S. 12f.

2. Disziplin und Kontrolle

2.1 „Verordnung betreffend Rechtsverhältnisse der Chinesen"

In der chinesischen Küstenprovinz Shandong griff am 14. November 1897 eine Landungstrupp der Kaiserlichen Reichsmarine eine chinesische Festung an. Begründet wurde der Überfall mit dem Vorwand, zwei zuvor ermordete deutsche Missionare zu sühnen.[4] Ein langer Prozess vorkolonialer Interaktionen zwischen Preußen und China fand mit der Besetzung und Zwangspacht Kiautschou und seiner Stadt Tsingtau (Qingdao) seinen vorläufigen Abschluss.[5] Nach der Besetzung begann man schnell mit der Errichtung des Pachtgebietes. Das in Kiautschou geschaffene Sixustem weist drei charakteristische Merkmale auf. Erstens spielte das Militär eine wichtige Rolle. Kiautschou war die einzige deutsche Kolonie, die dem Reichsmarineamt unterstellt war.[6] Zweitens folgte der Aufbau der Kolonie einem staatlich geplanten Konzept. Ziel war es, eine effiziente und streng kontrollierte „Musterkolonie" zu schaffen.[7] Drittens unterschied das Kolonialsystem grundlegend zwischen der europäischen und der chinesischen Bevölkerung.[8]

Dementsprechend wurden rechtliche und administrative Strukturen geschaffen, die nicht nur detaillierte Regelungen für die chinesische Bevölkerung enthielten, sondern auch eine bewusste Segregation zwischen Deutschen und Chines*innen herstellten.[9] Anhand von zwei Verordnungen soll dies im Folgenden erläutert werden.

Kiautschou war zwar völkerrechtlich Teil des Deutschen Reiches, rechtlich aber Ausland, da die Reichsverfassung in den deutschen Kolonien keine Geltung hatte.[10] Aus diesem Grund wurde am 27. April 1898 die *kaiserliche Verordnung betreffend Rechtsverhältnisse in Kiautschou* erlassen.[11]

Das Justizwesen wies unterschiedliche Regelungen für Deutsche und Chines*innen auf, wobei für Deutsche das deutsche Recht galt, während die Chines*innen einer dreifachen

---

[4] Vgl. Gregor Schöllgen, Das Zeitalter des Imperialismus, Berlin u.a 2000, S. 59; Susanne Kuß, Die deutsche „Musterkolonie" Qingdao (1897-1914), in: Marianne Bechhaus-Gerst u. Joachim Zeller (Hg.), Deutschland postkolonial? Die Gegenwart der imperialen Vergangenheit, Berlin 2018, S. 57-79, hier S. 62.

[5] Vgl. Klaus Mühlhahn, Herrschaft und Widerstand in der „Musterkolonie" Kiautschou. Interaktionen zwischen China und Deutschland (1897-1914), München 2000, S. 65.

[6] Vgl. Lu Yixu, Tsingtau, in: Jürgen Zimmerer (Hg.), Kein Platz an der Sonne. Erinnerungsorte der deutschen Kolonialgeschichte, Frankfurt 2013, 208-227, hier S. 220

[7] Vgl. Horst Gründer, Geschichte der deutschen Kolonien, 7. überarb. u. erw. Aufl., Paderborn 2018, S. 121; Kuß, Die deutsche „Musterkolonie" Qingdao (1897-1914), S. 63f.

[8] Vgl. Mühlhahn, „Musterkolonie Kiautschou", S. 169.

[9] Vgl. ebd., S. 178.

[10] Vgl. ebd., S. 178f.

[11] Vgl. Mühlhahn, Herrschaft und Widerstand in der „Musterkolonie" Kiautschou, S. 232.

Straf- und Rechtsordnung unterlagen. Nämlich der Gouverneursverordnung, den Gesetzen des Deutschen Reiches und den Strafgesetzen des Chinesischen Reiches.[12] Als Strafen waren unter anderem Prügelstrafe, Geldstrafe oder zeitige Freiheitsstrafe bis zu 15 Jahren vorgesehen.[13] Die Prügelstrafe wies drei Besonderheiten auf. Zum einen betraf sie nur die chinesische Bevölkerung Kiautschous. Zum anderen kam sie nur bei Chines*innen aus der Unterschicht zur Anwendung. Die Bewertung von Delikten und Strafen hing somit vom Bildungsgrad der Verurteilten ab, sodass höher Gebildete andere Strafen zu erwarten hatten, zum Beispiel Geldstrafen, als Personen aus der Unterschicht. Damit wurde ein wesentlicher Beitrag zur Etablierung einer Zweiklassengesellschaft geleistet.[14] Eine weitere Besonderheit war, dass die Prügelstrafe und die Anzahl der erlaubten Schläge mit 100 Schlägen doppelt so hoch waren wie in den afrikanischen Kolonien der Deutschen.[15]

Bei näherer Betrachtung des § 5 fallen einige Besonderheiten auf, die für ein Gesetz sprechen, das nicht mit dem im Deutschen Reich geltenden identisch war und als Mittel der Kontrolle diente. Mit ihm wurde nicht nur der zentrale europarechtliche Grundsatz „nulla poena sine lege" missachtet. Wegen der Bestimmungen in § 5 Abs. 3 war im Vergleich zur deutschen Rechtspraxis auch keine Aufzählung strafbarer Handlungen enthalten. Er definiert, dass alle Handlungen strafbar waren, die „den Tatbestand einer Übertretung enthalten, welche im Interesse der öffentlichen Ordnung unter Strafe gestellt ist".[16] Dies hatte zur Folge, dass die Polizei und die Beamten die Strafbarkeit von Handlungen nach eigenem Ermessen festlegen konnten.

Eine weitere Besonderheit des § 5 Abs. 3 besteht darin, dass die Richter bei der Strafzumessung völlig frei waren, was zu unverhältnismäßig harten Strafen führte. Er selbst hatte die Wahl, ob nach deutschem oder chinesischem Recht verurteilen wollte.[17] Auf diese Weise konnte jeder/jede auch für kleinste Vergehen mit hohen Strafen belegt werden. Die Einheimischen hatten keine Möglichkeit, sich gegen die Strafen zu wehren, da keine Rechtsmittel vorgesehen waren und die Strafen nicht dokumentiert wurden. Das Strafrecht und seine Unsicherheit über die Strafbarkeit von Handlungen sowie die Willkür der Behörden wurden, wie die genannten Beispiele zeigen, bewusst als

[12] Vgl. Heiko Herold, Deutsche Kolonialgeschichte – und Wirtschaftspolitik in China 1840-1914. Unter besonderer Berücksichtigung der Marine Kolonie Kiautschou, Köln 2006, S. 48; Rathjen, Tsingtau, S. 184.
[13] Vgl. Mühlhahn, Herrschaft und Widerstand in der „Musterkolonie" Kiautschou, S. 233; Rathjen, Tsingtau, S. 184.
[14] Vgl. Rathjen, Tsingtau, S. 183.
[15] Vgl. Gründer, Geschichte der deutschen Kolonien, S. 218.
[16] Vgl. Mühlhahn, Herrschaft und Widerstand in der „Musterkolonie" Kiautschou, S. 234.
[17] Vgl. Rathjen, Tsingtau, S. 183.

Disziplinierungsinstrument gegenüber der chinesischen Bevölkerung eingesetzt, die in ihr nur ein „Objekt" der Kolonialherrschaft sah.[18]

2.2 „Chinesenordnung"

Eine weitere Sondergesetzgebung, die der räumlichen und sozialen Kontrolle der in Tsingtau lebenden chinesischen Bevölkerung diente, war die vom Gouverneur im Juli 1900 erlassene *Chinesenordnung*, welche sich in drei Teile gliederte. Der erste Teil der Ordnung teilte Taidongzhen und Dabaodao in Bezirke ein und bestimmte in § 2, dass der Gouverneur für jeden städtischen Bezirk einen Distriktsvorsteher, Steuererheber und ein Ortsaufseher ernennen sollte.[19] Teil B der Ordnung enthielt „Vorschriften zur Aufrechterhaltung der Sicherheit und Ordnung", wie in §5, dass zwischen 9 Uhr abends und Sonnenaufgang kein Chinese ohne brennende Laterne die Straße betreten durfte. Der letzte Teil enthielt Bestimmungen zur Wahrung der öffentlichen Gesundheit. Wie eingangs erwähnt, war Tsingatu als „Musterkolonie" geplant. Dementsprechend ging es nicht nur um den Bau einer Kanalisation, sondern auch darum, dass sich Krankheiten nicht mehr (so schnell) ausbreiten konnten. Aus diesem Grund enthielt die Ordnung zum Beispiel in § 12 die Verpflichtung für alle Hauseigentümer*innen, Toiletten zu errichten, aber auch in § 10 das Verbot für Chines*innen, sich im *Europäerviertel* niederzulassen.[20]

Laut dem Gouverneur Jaeschke ist die Ordnung „fundamental für die Behandlung der Chinesen im Schutzgebiet, sie enthält alles, was in strenger Ausübung der Oberhoheit im Interesse der Ordnung, Sicherheit und Gesundheitspflege, die von den Chinesen verlangt werden muss".[21] Jaeschke's Aussage macht deutlich, dass es nicht nur um ein weiteres Machtinstrument zur Kontrolle der chinesischen Bevölkerung ging. Vielmehr organisierte sie die „Behandlung" der Chinesen und forderte durch Verhaltensregeln eine besondere Disziplinierung, da sie in direkter Nachbarschaft zu den Deutschen lebten.[22] Hintergrund der Verordnung war eine unmittelbare Reaktion auf den sich zuspitzenden Boxeraufstand, der im Hinterland der Kolonie wütete und die deutsche Kolonialverwaltung beunruhigte.[23] So begründete der Gouverneur diese damit, dass die Unruhen des Boxeraufstands „ordnungspolizeiliche" Maßnahmen erforderlich machten. Sie sollten die Chines*innen

[18] Vgl. Mühlhahn, Herrschaft und Widerstand in der „Musterkolonie" Kiautschou, S. 234.
[19] Vgl. ebd., S.229.
[20] Vgl. ebd.
[21] Zitiert nach Jaeschke 16.6.1900, in: Rathjen, Tsingtau, S. 180.
[22] Vgl. Rathjen, Tsingtau, S. 180f.
[23] Vgl. Mühlhahn, „Musterkolonie Kiautschou", S. 179.

„wohlwollend" über das Maß ihrer Pflichten und Rechte aufklären, ihnen aber auch zeigen, wie sie sich im Zusammenleben mit den Deutschen zu arrangieren hätten.[24] Obwohl die Trennung von Chines*innen und Deutschen vor allem mit hygienischen und sanitären Vorsichtsmaßnahmen gerechtfertigt wurde, spiegelte dies in Wirklichkeit die konkrete Angst der deutschen Kolonisten wider, die Chines*innen als gesundheitliche Gefahr wahrnahmen.[25] Dennoch kann von einer konsequenten Umsetzung der *Chinesenordnung* keine Rede sein. Die Zahl der Verstöße war hoch und die relativ hohen Strafen zeigten, dass die Kontrolle nur eingeschränkt funktionierte.[26] Die Trennung der beiden Gruppen drückte sich jedoch nicht nur rechtlich aus, sondern wurde auch durch den Bau getrennter Städte realisiert. Dies wird im folgenden Kapitel beschrieben.

3. Ausgrenzung durch räumliche Trennung

3.1 Die „Europäerstadt"

Nachdem in Kapitel zwei die rechtlichen Ungleichheiten zwischen Deutschen und Chines*innen im Vordergrund standen, soll nun die räumliche Trennung betrachtet werden. Die Stadtplanung legte die Grundlagen dafür. Die Bebauungspläne förderten die Segregation, indem sie getrennte Räume schufen und so die sozialen Beziehungen zwischen Kolonisatoren und Kolonisierten definierten.[27]

Das Ziel der Kolonialmacht für die dort lebenden Deutschen in Tsingtau war eine privilegierte Idealstadt, frei von Elementen, die sie als störend empfand. Zu diesem Zweck hatten die Deutschen im Jahr 1898 sechs chinesische Dörfer aufgekauft, die sie dem Erdboden gleich machten, und die dort lebenden Chines*innen zwangsweise umsiedeln mussten.[28] Ein Zusammenleben beider Gruppen sei „aus gesundheitlichen Gründen" nicht möglich gewesen, weshalb es „die europäische und die chinesische Bevölkerung möglichst zu trennen" galt, so der Marinebaurat Bökemann.[29] Rechtfertigung war auch hier wieder die stereotypische Sichtweise der Deutschen auf die (mangelnde) Hygiene der Chines*innen.[30]

---

[24] Vgl. Mühlhahn, Herrschaft und Widerstand in der „Musterkolonie" Kiautschou, S. 231.
[25] Vgl. Mühlhahn, „Musterkolonie Kiautschou", S. 179; Shan Jin, Anlehnung und Exploration – Die Stadtentwicklung Qingdaos unter der Verwaltung der Republik China (1922-1937), Diss. Universität Stuttgart 2015, S. 45
[26] Vgl. Rathjen, Tsingtau, S. 186.
[27] Vgl. Herold, Deutsche Kolonialgeschichte – und Wirtschaftspolitik in China 1840-1914, S. 46f.; Jin, Anlehnung und Exploration, S. 45.
[28] Vgl. Mühlhahn, „Musterkolonie Kiautschou", S. 176.
[29] Bökemann 1913:471, in: Mühlhahn, Herrschaft und Widerstand in der „Musterkolonie" Kiautschou, S. 235.
[30] Vgl. Rathjen, Tsingtau, S. 57.

Der Bebauungsplan für die Stadt Tsingtau sah eine zonierte Bebauung vor, also verschiedene Stadtteile mit unterschiedlichen Funktionen.[31] So entstanden für die Deutschen im Südosten bei der Auguste-Victoria-Bucht ein Villenviertel und nördlich der Tsingtau-Bucht ein europäischer Stadtteil mit Wohn-, Geschäfts- und Verwaltungsgebäuden, wodurch Tsingtau als wirtschaftliches und administratives Zentrum ausschließlich Deutschen vorbehalten blieb.[32] Aus Sorge vor einer Vermischung durften die Chines*innen hier zwar Geschäfte betreiben, jedoch nicht mehr wohnen.

Die abgegrenzten Quartiere in Tsingtau sollten den Deutschen ein Gefühl der sozialen Zugehörigkeit vermitteln und dazu dienen, die von ihnen gewünschten sozialen Strukturen aufrechtzuerhalten. Darüber hinaus, so Rathjen, sei deutlich zu erkennen, dass mit dem Europäerviertel eine homogene Einheit der Deutschen konstruiert wurde, also eine Einheit der Weißen im Gegensatz zur „Chinesenstadt der Gelben".[33]

Die ungleiche Verfügbarkeit von Ressourcen war ein weiterer Aspekt, der mit der räumlichen Trennung einherging. So standen den Deutschen eine umfassende Infrastruktur mit Hafen, Straßen, Lazarett, Wasserversorgung und Kanalisation zur Verfügung.[34] Dadurch waren im Zentrum der Lebensstandard, das Einkommen, die medizinische Versorgung und die sanitären Einrichtungen am höchsten.[35] Im Viertel Tsingtaus, das von Chines*innen bewohnt wurde, sah die Situation dagegen anders aus.

3.2 Die „Chinesenstadt"

Etwas entfernt, aber dennoch in Bezug zum europäischen Stadtteil, lagen im Nordwesten die segregierten Zonen der *Chinesenstadt*, die im Oktober 1898 in den „Vorläufigen baupolizeilichen Vorschriften für die Stadtanlage im Gouvernement Kiautschou" konzipiert worden waren.[36] Zweck der Konstituierung war es, einen Ort zu schaffen, um Kontrolle und Überwachung über die Chines*innen auszuüben.

Ähnlich wie bei den rechtlichen Regelungen in Kapitel 2 spielte auch hier die soziale Differenzierung innerhalb der chinesischen Bevölkerung eine Rolle. Sie lässt sich an den Stadtvierteln erkennen: Während die chinesischen Viertel Taidong und Taixi von Anfang an als Arbeiterviertel geplant und gebaut wurden, war Dabaodao als Wohn- und

[31] Vgl. Mühlhahn, „Musterkolonie Kiautschou", S. 176.
[32] Vgl. ebd., S. 177.
[33] Vgl. Rathjen, Tsingtau, S. 60.
[34] Vgl. Yixu, Tsingtau, S. 222.
[35] Vgl. Mühlhahn, Herrschaft und Widerstand in der „Musterkolonie" Kiautschou, S. 225.
[36] Vgl. Rathjen, Tsingtau, S. 103.

Geschäftsviertel für gehobenere Chines*innen gedacht.[37] Die Stadt wurde daher als eine Art chinesisches Äquivalent zu der europäischen Stadt angesehen.

Entgegen der Vorstellung einer Trennung von Chines*innen und Deutschen zeigte sich jedoch, dass eine gewisse Nähe zur deutschen Siedlung notwendig war, um Geschäftsbeziehungen zwischen Chines*innen und Deutschen zu ermöglichen. Andererseits war es das einzige Stadtviertel, in dem angesichts des Wohnungsmangels sowohl Deutsche als auch Chines*innen aller sozialen Schichten wohnten. Daran wird deutlich, dass die Absicht, eine Trennung zwischen den verschiedenen Gruppen aufrechtzuerhalten und ein Zusammenleben verschiedener „Rassen" zu verhindern, den Plänen der Kolonialmacht widersprach und nicht umgesetzt werden konnte.[38]

In den Städten Taidong und Taixi, den sogenannten „Kulistädten"[39], war die Situation eine andere. Ihre große Zahl und ihre ärmlichen Lebensverhältnisse stellten aus Sicht der Deutschen eine Bedrohung dar. So ist es nicht verwunderlich, dass Taixi und Taidong in großer Entfernung nordwestlich von Dabaodao hinter den Bergen angesiedelt wurden. Eine zusätzliche Trennung erfolgte durch einen natürlichen Graben und die dazwischen verlaufende Eisenbahn. Die Ausgrenzung der Arbeiter*innenbevölkerung an den Rand der Stadt signalisierte den Einwohner*innen ihren geringeren sozialen Status im Vergleich zu den Chines*innen in Dabaodao. Eine weitere Maßnahme, die zur Entstehung einer Zweiklassengesellschaft beitrug.[40] Sie lebten unter Armut, beengten Verhältnissen und schlechten Lebensbedingungen, während die sanitäre Versorgung nur eine minimale Seuchenprävention ermöglichte.

Aufgrund dieser hygienischen Mängel breiteten sich epidemische Krankheiten wie Typhus und Ruhr in den chinesischen Vierteln aus. Für die deutschen Kolonialherren diente dies als Bestätigung ihrer Argumentation, dass diese Viertel unhygienisch und eine Gefahr für die europäische Bevölkerung seien. In diesem Kontext klassifizierten sie Typhus und Ruhr abwertend als „Chinesenkrankheiten" und nutzten diese Kategorisierung, um die räumliche Trennung von Chines*innen und Deutschen als notwendige Schutzmaßnahme zu legitimieren.[41] Außerdem wurde die Gesundheitsfürsorge nicht von der

---

[37] Vgl. Herold, Deutsche Kolonialgeschichte – und Wirtschaftspolitik in China 1840-1914, S. 46f.
[38] Vgl. Rathjen, Tsingtau, S. 111.
[39] Bezeichnung für Städte oder Viertel, in die „Kulis", chinesische Arbeiter aus unteren Schichten, umgesiedelt wurden.
[40] Vgl. Rathjen, Tsingtau, S. 111f.
[41] Vgl. Herold, Deutsche Kolonialgeschichte – und Wirtschaftspolitik in China 1840-1914, S. 46; Rathjen, Tsingtau, S. 195f.

Kolonialverwaltung übernommen, sondern hauptsächlich von christlichen Missionen und der chinesischen Gemeinschaft selbst.[42]

Generell wurden Krankheiten nicht als allgemeines Gesundheitsproblem, sondern als etwas angesehen, das aus den „chinesischen Infektionsräumen" kam und dienten als flexibles Argument, um verschiedene Maßnahmen oder Vorurteile zu legitimieren.

Zusammenfassend ist festzuhalten, dass die *Europäerstadt* gezielt als Symbol deutscher Macht, Fortschrittlichkeit und Zivilisation errichtet wurde. Sie besaß eine moderne Infrastruktur, luxuriöse Ausstattung und hygienische Standards, diente der deutschen Selbstrepräsentation und war ausschließlich Deutschen vorbehalten. Im Vergleich dazu war die *Chinesenstadt* als Raum der Kontrolle und Überwachung und nicht als Ort der Fürsorge konzipiert, verfügte nicht annähernd über die hygienischen Standards und war durch marginalisierte Viertel geprägt.[43] Allerdings muss betont werden, dass die strikte Überwachung der chinesischen Bevölkerung in der „Musterkolonie" in der Praxis kaum umsetzbar war, da die hohe Einwohnerzahl der *Chinesenstadt* eine lückenlose Kontrolle unmöglich machte.[44] Infolgedessen ließ sich auch der Kontakt zwischen beiden Bevölkerungsgruppen nicht vollständig verhindern, wie im Folgenden am Beispiel der „Rikschakulis" erläutert wird.

4. Die „Rikschafahrer"

Aus der Betrachtung der *Chinesenordnung* und der räumlichen Trennung von Deutschen und Chines*innen ist deutlich geworden, dass die deutsche Kolonialmacht eine strikte Trennung der beiden Bevölkerungsgruppen erreichen wollte und dies durch strikte Kontrolle der Chines*innen zu überwachen versuchte. Wirft man noch einmal einen Blick in die Verordnungen, insbesondere in die Polizeiverordnung von 1898, so wird deutlich, dass die Deutschen in den *Rikschafahrern* eine besonders große Gefahr sahen und für sie 1909 sogar ein eigenes „Depot" eingerichtet wurde.[45] Doch aus welchem Grund? Im Folgenden soll das Augenmerk auf sie gerichtet und der Frage nachgegangen werden, inwiefern für sie besondere Regelungen galten und welches Motiv dahinter stand.

Als Transportarbeiter, Lastträger oder Schubkarrenfahrer nahmen die *Rikschafahrer* eine Sonderstellung ein, da sie zu den wenigen Personen gehörten, die Zugang zur

---

[42] Vgl. Mühlhahn, „Musterkolonie Kiautschou", S. 432.
[43] Vgl. Rathjen, Tsingtau, S. 289f.
[44] Vgl. ebd.
[45] Vgl. ebd., S. 188f.

Europäerstadt hatten.[46] Rathjen betont, dass die Kontrolle der *Rikschafahrer* deshalb höher war als in der chinesischen Stadt, weil sie sich in den Kontaktzonen zwischen Chines*innen und Deutschen bewegten. Während eine flächendeckende Überwachung der chinesischen Wohnviertel faktisch unmöglich war, konzentrierten sich die Razzien und Kontrollen auf Orte und Personengruppen, die sich, wie die *Rikschafahrer*, regelmäßig in unmittelbarer Nähe von Deutschen aufhielten.[47]

Drei Beispiele sollen dies verdeutlichen: So galt für sie die Vorschrift das ihre Fahrzeuge vermessen, klassifiziert, nummeriert und registriert werden mussten. Damit wurde sichergestellt, dass die Bewegungen und wirtschaftlichen Aktivitäten der Chines*innen nachvollziehbar bleiben. Verstöße gegen diese Regelungen wurden mit hohen Strafen wie Prügelstrafen geahndet.[48]

Eine weitere Sonderreglung lässt sich im §5 der Polizeiordnung finden: Um als *Rikschafahrer* arbeiten zu dürfen, gab es bestimmte körperliche Voraussetzungen, nämlich dass nur gesunde und kräftige Männer über 18 Jahren diesen Beruf ausüben durften. Auf diese Weise wurden nicht nur körperlich schwächere Personen systematisch von der Berufsausübung ausgeschlossen, sondern ähnlich wie bei den in Kapitel 2 beschriebenen gesetzlichen Bestimmungen war auch die Definition von „kräftig und gesund" sehr vage und konnte willkürlich ausgelegt werden, so dass die Kolonialverwaltung nach eigenem Ermessen bestimmen konnte, wer arbeiten durfte und wer nicht.[49]

§5 der Verordnung legte auch fest, dass das Anrennen von Passant*innen untersagt wurde. Dieses Verbot erweckt nicht nur den Eindruck von Aufdringlichkeit und wertet die *Rikschafahrer* ab, sondern hinderte sie auch daran, aktiv auf Kund*innen zuzugehen, was ihre wirtschaftliche Existenz zusätzlich erschwerte.[50] Zudem sah §6 ein Verbot von Knoblauchessen und fleckigen Bezügen in den Rikschas vor. Das Verbot des Knoblauchessens basierte auf dem rassistischen Stereotyp der Deutschen, dass Chines*innen unhygienisch oder unangenehm riechend seien. Fleckige Bezüge als Verstoß zu werten, diente weniger der Hygiene als vielmehr der Demonstration von Kontrolle und Überlegenheit durch die Kolonialherren.[51]

Eine weitere Möglichkeit, die *Rikschafahrer* zu kontrollieren, wurde 1909 mit der Einrichtung von „Riksha-Depots" geschaffen. Ziel war es die Fahrer unter Aufsicht der

---

[46] Vgl. Rathjen, Tsingtau, S. 188f.
[47] Vgl. ebd., S. 289.
[48] Vgl. ebd., 188f.
[49] Vgl. ebd., S. 188f.
[50] Vgl. ebd.
[51] Vgl. ebd., S. 189.

Polizei zu kasernieren. Diese hatten zuvor in „Kuli" Herbergen gewohnt. Damit wurde nicht nur den Bertreibern die Kundschaft entzogen, um den Bau zu subventionieren. Es wurde auch eine „Vorzeigeeinrichtung" geschaffen, um die vermeintlich schmutzigen Fahrer zu zivilisieren.[52] Dies geschah durch die Errichtung eines Gebäudes mit Küche, Speisesaal, Bad, Waschküche und Werkstatt in unmittelbarer Nähe der Polizeistation. Es muss betont werden, dass es sich nicht um eine freiwillige Einquartierung handelte, sondern um eine Zwangsmaßnahme, der sich die Fahrer unterziehen mussten. Andernfalls hätten sie ihren Arbeitsplatz und damit ihre wirtschaftliche Existenz verloren.[53]

Nach einer eingehenden Betrachtung des Arbeitsalltags der *Rikschafahrer* und der Regeln, denen sie unterworfen waren, lässt sich folgendes festhalten: Die strikten Regelungen dienten weniger der Aufrechterhaltung von Ordnung als vielmehr der Machtdemonstration, Disziplinierung und rassistischen Kontrolle. Durch die Androhung extremer Strafen wurden nicht nur die kolonialen Hierarchien aufrechterhalten, sondern auch ein Zustand permanenter Unterwerfung und Angst geschaffen.[54] Doch mit der Kontrolle der Arbeitsbedingungen war es nicht getan. Durch den Bau eines eigenen Gebäudes, das von der Polizei direkt überwacht werden konnte, versuchte die Kolonialverwaltung, die Lebensweise der Fahrer zu regeln und sie zu einer „zivilisierten" Lebensweise zu zwingen.[55]

5. Fazit

Nach der intensiven Beschäftigung mit den Lebensbedingungen der Chines*innen in Tsingtau lässt sich eindeutig erkennen: Sie wurden nicht nur in Bezug auf ihre Rechte und persönliche Freiheit benachteiligt, sondern auch durch die Zonierung der Stadt in eine *Europäerstadt* und *Chinesenstadt*.[56] Durch die Analyse der Verordnungen von 1898 über die Rechtsverhältnisse ist deutlich geworden, dass die Chines*innen einer dreifachen Straf- und Rechtsordnung unterlagen, die ihnen nicht nur grundlegende rechtsstaatliche Prinzipien wie Rechtssicherheit oder Einspruchsmöglichkeiten, wie sie im Deutschen Kaiserreich üblich waren, vorenthielt, sondern auch willkürliche Bestrafungen durch deutsche Behörden ermöglichte.[57] Die Hauptmotive dahinter waren zum einen Abschreckung, welches sich an den unverhältnismäßig hohen Strafen erkennen ließ, die nur für

---

[52] Vgl. Yixu, Tsingtau, S. 222.
[53] Vgl. Rathjen, Tsingtau, S. 189.
[54] Vgl. ebd.
[55] Vgl. ebd.
[56] Vgl. Herold, Deutsche Kolonialgeschichte – und Wirtschaftspolitik in China 1840-1914, S. 46f.; Jin, Anlehnung und Exploration, S. 45.
[57] Vgl. Mühlhahn, Herrschaft und Widerstand in der „Musterkolonie" Kiautschou, S. 220.

die chinesische Bevölkerung galten.[58] Zum anderen die Sicherung der kolonialen Herrschaft in der „Musterkolonie" und die Durchsetzung einer rassistischen Ordnung, die die Deutschen als überlegen und die Chines*innen als kontrollbedürftig sah. Die *Chinesenordnung* setzte diese Diskriminierung auf städtischer und sozialer Ebene fort.

Ein ein zentrales Motiv der Kolonialherrschaft war die Vorstellung, dass die chinesische Bevölkerung eine gesundheitliche Gefahr darstelle und von ihr Seuchen und Epidemien ausgingen.[59] Aus diesem Grund wurde nicht nur durch Verhaltensvorschriften eine Disziplinierung der Chines*innen gefordert, sondern auch ein Ansiedlungsverbot für sie in der *Europäerstadt* festgelegt, was zu einer Trennung in *Chinesenstadt* und *Europäerstadt* führte.[60]

Auch wenn die Kolonialherren eine Vielzahl von Regelungen erließen, muss betont werden, dass eine permanente Kontrolle der chinesischen Bevölkerung faktisch unmöglich war. Umso mehr versuchten sie es an Orten, an denen es eine Durchlässigkeit und Kontakt zwischen Deutschen und Chines*innen gab.[61] Dies ließ sich am Beispiel der *Rikschafahrer* erkennen. Strenge Regelungen, wie die Registrierung ihrer Fahrzeuge und körperliche Voraussetzungen, sowie Razzien und Bestrafungen, dienten der Kontrolle und Unterdrückung. Der Bau von „Riksha-Depots" verfolgte das Ziel ihre Lebensweise zu überwachen.[62] Auch hier basierte die strenge Kontrolle auf verschiedenen Ängsten und rassistischen Vorurteilen. So befürchteten die deutschen Kolonialherren unter anderem, dass die *Rikschafahrer* als Störfaktor in ihrer Gesellschaft wirken könnten.

Eine neue Frage, die sich im Laufe der Arbeit stellte, war, ob die Gesetzgebung und die Kontrolle der ländlichen Bevölkerung in der Kolonie der städtischen Bevölkerung ähnlich war. Eine Vertiefung dieses Themas könnte daher ein Vergleich zwischen dem Alltag der städtischen und der ländlichen Bevölkerung sein.

---

[58] Vgl. Mühlhahn, Herrschaft und Widerstand in der „Musterkolonie" Kiautschou, S. 233
[59] Vgl. ebd., S. 231.
[60] Vgl. ebd., S. 225.
[61] Vgl. Rathjen, Tsingtau, S. 188f.
[62] Vgl. ebd., 189.

Literaturverzeichnis

Gründer, Horst, Geschichte der deutschen Kolonien, 7. überarb. u. erw. Aufl., Paderborn 2018.

Herold, Heiko, Deutsche Kolonialgeschichte – und Wirtschaftspolitik in China 1840-1914. Unter besonderer Berücksichtigung der Marine Kolonie Kiautschou, Köln 2006.

Jin, Shan, Anlehnung und Exploration – Die Stadtentwicklung Qingdaos unter der Verwaltung der Republik China (1922-1937), Diss. Universität Stuttgart 2015.

Kuß, Susanne, Die deutsche „Musterkolonie" Qingdao (1897-1914), in: Marianne Bechhaus-Gerst u. Joachim Zeller (Hg.), Deutschland postkolonial? Die Gegenwart der imperialen Vergangenheit, Berlin 2018, S. 57-79.

Mühlhahn, Klaus, „Musterkolonie Kiautschou". Die Expansion des Deutschen Reiches in China. Deutsch-chinesische Beziehungen 1897 bis 1914. Eine Quellensammlung, hrsg. von Mechthild Leutner. Berlin 1997.

Mühlhahn, Klaus, Herrschaft und Widerstand in der „Musterkolonie" Kiautschou. Interaktionen zwischen China und Deutschland (1897-1914), München 2000.

Rathjen, Helga, Tsingtau. Eine deutsche Kolonialstadt in China (1897-1914), Wien u.a 2021.

Schöllgen, Gregor, Das Zeitalter des Imperialismus, Berlin u.a 2000.

Yixu Lu, Tsingtau, in: Jürgen Zimmerer (Hg.), Kein Platz an der Sonne. Erinnerungsorte der deutschen Kolonialgeschichte, Frankfurt 2013, 208-227.